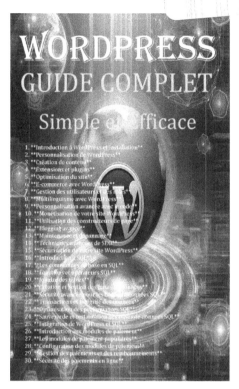

# WordPress
## GUIDE COMPLET
### Simple et Efficace

# Introduction

**Présentation de WordPress** Bienvenue dans cette formation sur WordPress ! WordPress est l'un des systèmes de gestion de contenu (CMS) les plus populaires et les plus puissants au monde. Il permet de créer et de gérer des sites web de manière simple et efficace, que vous soyez un débutant ou un développeur expérimenté.

**Pourquoi choisir WordPress ?** WordPress offre une flexibilité incroyable grâce à ses thèmes et ses extensions, permettant de personnaliser chaque aspect de votre site web. De plus, il est open-source, ce qui signifie que vous avez accès à une vaste communauté de développeurs et de ressources gratuites pour vous aider à chaque étape.

**Objectifs de la formation** Cette formation est conçue pour vous guider à travers toutes les étapes de la création et de la gestion d'un site WordPress professionnel. Que vous souhaitiez créer un blog, un portfolio, ou une boutique en ligne, ce livre vous fournira les connaissances et les compétences nécessaires pour réussir.

# Chapitre 1: Les bases de WordPress

**Histoire de WordPress** WordPress a été lancé en 2003 par Matt Mullenweg et Mike Little comme un système de gestion de contenu open-source. Depuis, il est devenu le CMS le plus utilisé dans le monde, alimentant plus de 40% des sites web. Son succès repose sur sa simplicité d'utilisation, sa flexibilité et sa communauté active.

**Installation de WordPress** L'installation de WordPress est un processus simple qui peut être réalisé en quelques étapes:

1. Téléchargez WordPress depuis le site officiel (wordpress.org).
2. Décompressez le fichier téléchargé et transférez le contenu sur votre serveur via FTP.
3. Créez une base de données MySQL pour WordPress sur votre serveur.
4. Lancez l'installateur WordPress en accédant à votre domaine via un navigateur web.
5. Suivez les instructions à l'écran pour configurer votre site (nom du site, identifiants de la base de données, etc.).

**Interface utilisateur de WordPress** Une fois WordPress installé, vous serez accueilli par le tableau de bord,

l'interface utilisateur principale. Voici quelques
éléments clés du tableau de bord :

1. **Tableau de bord** : Vue d'ensemble de votre
   site, avec des liens rapides vers les sections
   importantes.
2. **Articles** : Gestion des articles de blog, ajout,
   modification et suppression.
3. **Pages** : Gestion des pages statiques de votre
   site.
4. **Apparence** : Personnalisation de l'apparence de
   votre site via les thèmes et les widgets.
5. **Extensions** : Installation et gestion des
   extensions pour ajouter des fonctionnalités à
   votre site.

# Chapitre 2: Personnalisation de WordPress

**Thèmes WordPress** Les thèmes déterminent l'apparence et la mise en page de votre site WordPress. Il existe des milliers de thèmes gratuits et payants disponibles. Pour installer un thème :

1. Accédez à **Apparence** > **Thèmes** dans le tableau de bord.
2. Cliquez sur **Ajouter** pour rechercher de nouveaux thèmes.
3. Une fois que vous avez trouvé un thème qui vous plaît, cliquez sur **Installer**, puis **Activer** pour l'utiliser sur votre site.

**Personnalisation des thèmes** Après avoir installé un thème, vous pouvez le personnaliser pour qu'il corresponde à votre marque. Voici comment faire :

1. Allez dans **Apparence** > **Personnaliser**.
2. Utilisez les options disponibles pour modifier les couleurs, les polices, les logos, les arrière-plans, etc.
3. Visualisez les modifications en temps réel et cliquez sur **Publier** pour les enregistrer.

**Utilisation des widgets et des menus** Les widgets et les menus permettent de personnaliser davantage votre site en ajoutant des fonctionnalités et en organisant la navigation.

1. **Widgets** : Accédez à **Apparence** > **Widgets**. Les widgets peuvent être ajoutés à différentes zones de votre thème (barres latérales, pieds de page, etc.) pour afficher des contenus tels que des calendriers, des catégories, des recherches, etc.

2. **Menus** : Allez dans **Apparence** > **Menus**. Créez et organisez des menus de navigation pour améliorer l'expérience utilisateur sur votre site. Vous pouvez ajouter des pages, des articles, des catégories, des liens personnalisés, etc.

## Chapitre 3: Création de contenu

**Types de contenu (pages, articles)** WordPress permet de créer deux types de contenu principaux : les pages et les articles.

1. **Pages** : Les pages sont utilisées pour le contenu statique, comme "À propos", "Contact", etc.

2. **Articles** : Les articles sont utilisés pour le contenu dynamique, comme les publications de

blog. Ils peuvent être classés par catégories et étiquetés.

**Utilisation de l'éditeur Gutenberg** Gutenberg est l'éditeur de contenu par défaut de WordPress. Il utilise des blocs pour faciliter la création de contenu riche et dynamique.

1. Pour ajouter un article ou une page, allez dans **Articles > Ajouter** ou **Pages > Ajouter**.
2. Utilisez l'éditeur pour ajouter des blocs de texte, d'images, de vidéos, de citations, etc.
3. Chaque bloc peut être personnalisé individuellement (taille de la police, couleur de fond, etc.).

**Ajout de médias (images, vidéos)**

1. Pour ajouter des images ou des vidéos, cliquez sur **Ajouter un bloc > Média** dans l'éditeur Gutenberg.
2. Téléchargez des fichiers depuis votre ordinateur ou choisissez parmi la bibliothèque de médias.
3. Vous pouvez ajuster les paramètres de chaque média (taille, alignement, légende).

# Chapitre 4: Extensions et plugins

Qu'est-ce qu'une extension ? Une extension (ou plugin) est un module additionnel qui ajoute des fonctionnalités à votre site WordPress. Il existe des milliers d'extensions gratuites et payantes disponibles, offrant des fonctionnalités allant du SEO à la sécurité, en passant par les galeries d'images et l'intégration des réseaux sociaux.

## Installation et gestion des extensions

1. Pour installer une extension, allez dans **Extensions > Ajouter** depuis le tableau de bord.
2. Utilisez la barre de recherche pour trouver une extension spécifique ou parcourez les extensions recommandées.
3. Cliquez sur **Installer maintenant** pour ajouter l'extension à votre site.
4. Une fois l'installation terminée, cliquez sur **Activer** pour commencer à utiliser l'extension.

**Extensions indispensables pour WordPress** Voici quelques extensions populaires et indispensables pour améliorer les performances, la sécurité et la gestion de votre site :

1. **Yoast SEO** : Améliorez le référencement de votre site grâce à des outils de SEO faciles à utiliser.
2. **Akismet Anti-Spam** : Protégez votre site contre les commentaires indésirables et le spam.
3. **Jetpack** : Un ensemble d'outils pour améliorer la sécurité, les performances et la gestion des réseaux sociaux.
4. **WooCommerce** : Transformez votre site WordPress en une boutique en ligne complète.
5. **Wordfence Security** : Ajoutez une couche de sécurité supplémentaire avec un pare-feu et une protection contre les attaques malveillantes.

# Chapitre 5: Optimisation du site

**SEO pour WordPress** L'optimisation pour les moteurs de recherche (SEO) est essentielle pour améliorer la visibilité de votre site sur les moteurs de recherche comme Google. Voici quelques conseils pour optimiser votre site WordPress :

1. **Utiliser des titres et des descriptions optimisés** : Assurez-vous que chaque page et

article a un titre accrocheur et une méta-description pertinente.

2. **Inclure des mots-clés** : Intégrez des mots-clés pertinents dans vos titres, descriptions et contenu sans en abuser.

3. **Optimiser les images** : Utilisez des noms de fichiers descriptifs et ajoutez des balises alt aux images.

4. **Créer du contenu de qualité** : Publiez régulièrement du contenu pertinent et de haute qualité qui répond aux besoins de vos visiteurs.

5. **Utiliser des extensions SEO** : Des extensions comme Yoast SEO peuvent vous aider à optimiser vos pages et articles.

**Performance et sécurité** La performance et la sécurité de votre site sont cruciales pour offrir une expérience utilisateur optimale et protéger vos données.

1. **Réduire la taille des images** : Compressez vos images pour réduire le temps de chargement de votre site.

2. **Utiliser un cache** : Installez une extension de cache comme W3 Total Cache pour améliorer les performances de votre site.

3. **Mettre à jour régulièrement** : Assurez-vous que WordPress, vos thèmes et extensions sont toujours à jour pour bénéficier des dernières améliorations et corrections de sécurité.

4. **Utiliser un certificat SSL** : Un certificat SSL chiffre les données entre votre site et les visiteurs, renforçant la sécurité et améliorant le référencement.

5. **Sauvegarder régulièrement** : Utilisez des extensions de sauvegarde comme UpdraftPlus pour sauvegarder régulièrement votre site et éviter la perte de données.

**Sauvegarde et restauration** Les sauvegardes régulières sont essentielles pour protéger votre site contre les pertes de données et les erreurs. Voici comment sauvegarder et restaurer votre site WordPress :

1. **Installer une extension de sauvegarde** : Des extensions comme UpdraftPlus ou BackupBuddy permettent de sauvegarder facilement votre site.

2. **Planifier des sauvegardes automatiques** : Configurez l'extension pour effectuer des sauvegardes automatiques à intervalles réguliers.

3. **Stocker les sauvegardes à distance** : Conservez vos sauvegardes sur des services de stockage cloud comme Google Drive, Dropbox, ou un serveur distant.

4. **Restaurer une sauvegarde** : En cas de besoin, utilisez l'extension pour restaurer votre site à partir d'une sauvegarde précédente.

# Chapitre 6: E-commerce avec WordPress

Introduction à WooCommerce WooCommerce est l'extension la plus populaire pour transformer un site WordPress en une boutique en ligne complète. Elle offre une multitude de fonctionnalités pour gérer les produits, les commandes, les paiements et bien plus encore. WooCommerce est flexible et peut être personnalisé pour répondre à tous vos besoins e-commerce.

Configuration de la boutique en ligne Pour configurer votre boutique en ligne avec WooCommerce, suivez ces étapes :

1. **Installer WooCommerce** : Allez dans **Extensions > Ajouter**, recherchez WooCommerce, installez et activez l'extension.
2. **Assistant de configuration** : Utilisez l'assistant de configuration WooCommerce pour configurer les paramètres de base tels que la localisation de votre boutique, les devises, les méthodes de paiement, et les options d'expédition.
3. **Personnaliser les pages WooCommerce** : WooCommerce crée automatiquement des pages pour la boutique, le panier, la caisse et le compte client. Vous pouvez personnaliser ces

pages en allant dans **Apparence** >
**Personnaliser** > **WooCommerce**.

## Gestion des produits et des commandes

1. **Ajouter des produits** : Pour ajouter un produit, allez dans **Produits** > **Ajouter**. Remplissez les informations du produit telles que le nom, la description, le prix, les images, et les catégories.
2. **Gérer les produits** : Utilisez la section **Produits** pour voir tous les produits, les éditer, les supprimer, et gérer les stocks.
3. **Gérer les commandes** : Allez dans **WooCommerce** > **Commandes** pour voir toutes les commandes reçues, mettre à jour leur statut, et traiter les paiements.

# Conclusion

**Récapitulatif des points clés** Nous avons parcouru les bases de WordPress, depuis son installation et sa personnalisation, jusqu'à la création de contenu et l'ajout d'extensions. Nous avons également abordé l'optimisation de votre site pour les moteurs de recherche et la sécurité, ainsi que la mise en place d'une boutique en ligne avec WooCommerce.

# Chapitre 7: Gestion des utilisateurs et des rôles

**Ajout et gestion des utilisateurs** WordPress permet de collaborer facilement en ajoutant plusieurs utilisateurs. Pour ajouter un utilisateur :

1. Allez dans **Utilisateurs > Ajouter** depuis le tableau de bord.
2. Remplissez les champs requis (nom d'utilisateur, adresse e-mail, mot de passe).
3. Attribuez un rôle à l'utilisateur parmi Administrateur, Éditeur, Auteur, Contributeur ou Abonné.
4. Cliquez sur **Ajouter un utilisateur** pour finaliser.

**Comprendre les rôles et les permissions** Chaque rôle utilisateur dispose de permissions spécifiques :

1. **Administrateur** : Accès complet à toutes les fonctionnalités et paramètres du site.
2. **Éditeur** : Peut publier et gérer les articles et les pages, y compris ceux des autres utilisateurs.
3. **Auteur** : Peut publier et gérer ses propres articles uniquement.
4. **Contributeur** : Peut rédiger des articles mais ne peut pas les publier.
5. **Abonné** : Peut gérer son profil et lire les contenus réservés aux abonnés.

**Gestion avancée des utilisateurs** Pour des besoins spécifiques, vous pouvez utiliser des extensions comme Members ou User Role Editor pour créer des rôles personnalisés et ajuster les permissions des utilisateurs existants.

# Chapitre 8: Multilinguisme avec WordPress

**Configurer un site multilingue** Pour créer un site accessible dans plusieurs langues, vous pouvez utiliser des extensions dédiées :

1. **WPML** : Une extension premium permettant de traduire chaque élément de votre site, y compris les thèmes et les extensions.
2. **Polylang** : Une extension gratuite avec des fonctionnalités de base pour gérer un site multilingue.

## Traduction de contenu

1. Installez et activez l'extension de votre choix.
2. Configurez les langues disponibles dans les paramètres de l'extension.
3. Traduisez vos articles, pages, catégories et autres éléments en ajoutant des versions dans chaque langue.

**Gestion des traductions** Les extensions multilingues permettent de gérer les traductions directement depuis l'interface de WordPress. Vous pouvez également collaborer avec des traducteurs pour garantir la qualité des traductions.

# Chapitre 9: Personnalisation avancée avec le code

**Personnalisation de votre thème** Pour personnaliser davantage votre thème, vous pouvez ajouter du code CSS et PHP :

1. **CSS personnalisé** : Allez dans **Apparence > Personnaliser > CSS additionnel** pour ajouter du code CSS personnalisé et modifier le style de votre site.
2. **Modifications PHP** : Pour des modifications plus avancées, éditez les fichiers de votre thème dans **Apparence > Éditeur de thème**. Attention à toujours créer un thème enfant pour éviter de perdre vos modifications lors des mises à jour.

## Ajouter des fonctionnalités avec le code

1. Utilisez le fichier functions.php pour ajouter des fonctions personnalisées à votre thème.
2. Vous pouvez ajouter des shortcodes, des types de contenu personnalisés, et bien plus encore en utilisant PHP.

# Chapitre 10: Monétisation de votre site WordPress

## Publicité et programmes d'affiliation

1. **Google AdSense** : Affichez des annonces Google AdSense pour générer des revenus en fonction du trafic de votre site.
2. **Programmes d'affiliation** : Participez à des programmes d'affiliation pour recommander des produits et services, et gagner une commission sur les ventes générées via vos liens.

## Créer et vendre des produits numériques

1. Utilisez WooCommerce pour vendre des produits numériques tels que des ebooks, des cours en ligne, et des logiciels.
2. Configurez des options de paiement sécurisées et gérez les téléchargements des produits achetés.

## Contenu premium et adhésions

1. Créez du contenu premium accessible uniquement aux membres payants.
2. Utilisez des extensions comme MemberPress ou Restrict Content Pro pour gérer les adhésions et les accès restreints.

# Chapitre 11: Utilisation des constructeurs de page

## Introduction aux constructeurs de page

Les constructeurs de page sont des outils puissants qui permettent de créer des mises en page complexes sans avoir à écrire de code. Parmi les plus populaires, on trouve Elementor, Beaver Builder, et Divi.

## Elementor

1. **Installation** : Installez et activez Elementor depuis **Extensions > Ajouter.**
2. **Utilisation** : Ouvrez une page ou un article, puis cliquez sur **Modifier avec Elementor.**
3. **Fonctionnalités** : Utilisez les widgets glisser-déposer pour ajouter des colonnes, des sections, des images, des vidéos, des boutons, et bien plus encore.

## Beaver Builder

1. **Installation** : Installez et activez Beaver Builder.
2. **Utilisation** : Ouvrez une page ou un article, puis cliquez sur **Page Builder**.
3. **Fonctionnalités** : Utilisez les modules de Beaver Builder pour créer des mises en page personnalisées et professionnelles.

## Chapitre 12: Blogging avancé

### Stratégies de contenu

1. **Planification éditoriale** : Établissez un calendrier de publication pour garantir une fréquence de publication régulière.
2. **Recherche de mots-clés** : Utilisez des outils comme Google Keyword Planner pour identifier les mots-clés pertinents à cibler dans vos articles.
3. **Optimisation des titres** : Rédigez des titres accrocheurs et optimisés pour le SEO.

### Engagement des lecteurs

1. **Commentaires** : Encouragez les lecteurs à laisser des commentaires et répondez-y pour créer une communauté active.

2.  **Partage sur les réseaux sociaux** : Ajoutez des boutons de partage pour permettre aux lecteurs de partager facilement vos articles.

3.  **Newsletters** : Utilisez des outils comme Mailchimp pour créer des newsletters et informer vos abonnés des nouvelles publications.

# Chapitre 13: Maintenance et dépannage

## Maintenance régulière

1.  **Mises à jour** : Gardez WordPress, les thèmes et les extensions à jour pour bénéficier des dernières fonctionnalités et corrections de sécurité.

2.  **Sauvegardes** : Programmez des sauvegardes régulières pour éviter la perte de données.

3. **Nettoyage de la base de données** : Utilisez des extensions comme WP-Optimize pour nettoyer et optimiser votre base de données.

### Dépannage courant

1. **Erreurs courantes** : Résolution des erreurs 404, erreurs de connexion à la base de données, et erreurs de l'éditeur de blocs.
2. **Mode de débogage** : Activez le mode de débogage dans le fichier wp-config.php pour identifier les problèmes techniques.
3. **Support et assistance** : Utilisez les forums de support de WordPress et les groupes communautaires pour obtenir de l'aide.

# Chapitre 14: Techniques avancées de SEO

### Optimisation on-page

1. **Balises de titre et méta descriptions** : Utilisez des mots-clés pertinents et rédigés de manière persuasive.
2. **URL conviviales** : Utilisez des permaliens clairs et descriptifs.
3. **Balises H1, H2, H3** : Structurez vos articles avec des balises de titres hiérarchiques.

### Optimisation off-page

1. **Backlinks** : Créez des liens retour de qualité en collaborant avec d'autres sites web.
2. **Réseaux sociaux** : Utilisez les réseaux sociaux pour promouvoir votre contenu et attirer des visiteurs.
3. **Contenu invité** : Écrivez des articles invités pour des blogs populaires dans votre niche.

# Chapitre 15: Sécurisation de votre site WordPress

### Sécurité de base

1. **Mots de passe forts** : Utilisez des mots de passe complexes pour tous les comptes utilisateurs.
2. **Authentification à deux facteurs** : Activez l'authentification à deux facteurs pour ajouter une couche de sécurité supplémentaire.
3. **Extensions de sécurité** : Installez des extensions comme Wordfence ou Sucuri pour protéger votre site contre les attaques malveillantes.

### Surveillance de sécurité

1. **Journaux d'activité** : Suivez les modifications apportées à votre site avec des extensions de journalisation.

2. **Notifications de sécurité** : Recevez des alertes en temps réel en cas de menace de sécurité.
3. **Audits de sécurité** : Effectuez des audits réguliers pour vérifier la sécurité de votre site.

# Chapitre 16: Introduction à SQL

**Qu'est-ce que SQL ?** SQL (Structured Query Language) est un langage standardisé utilisé pour interagir avec les bases de données relationnelles. Il permet de créer, lire, mettre à jour et supprimer des données dans une base de données. SQL est utilisé par de nombreux systèmes de gestion de bases de données (SGBD) comme MySQL, PostgreSQL, SQLite et SQL Server.

**Pourquoi apprendre SQL ?** SQL est une compétence clé pour de nombreux développeurs et administrateurs de bases de données. Il est utilisé dans une variété de contextes, de la gestion de sites web à l'analyse de données. Maîtriser SQL vous permet de manipuler et d'interroger efficacement les données stockées dans des bases de données relationnelles.

**Les bases de données relationnelles** Les bases de données relationnelles stockent les données sous forme de tables, qui sont des ensembles de lignes et de colonnes. Chaque table représente une entité, et les relations entre les tables sont établies par des clés. Les principales caractéristiques des bases de données relationnelles incluent :

1. **Schéma structuré** : Les données sont organisées en tables avec des colonnes définies par un schéma.
2. **Intégrité référentielle** : Les relations entre les tables sont maintenues par des clés étrangères.
3. **Normalisation** : Les données sont normalisées pour réduire la redondance et améliorer l'intégrité des données.

# Chapitre 17: Les commandes de base en SQL

## Sélectionner des données

1. **SELECT** : La commande SELECT est utilisée pour récupérer des données d'une base de données.

```
SELECT * FROM table_name;
```

Cette commande sélectionne toutes les colonnes de la table spécifiée.

2. **WHERE** : Utilisez WHERE pour filtrer les résultats selon des conditions spécifiques.

```
SELECT * FROM table_name WHERE condition;
```

Par exemple, pour sélectionner les lignes où la colonne age est supérieure à 30 :

```
SELECT * FROM table_name WHERE age > 30;
```

## Insérer des données

1. **INSERT INTO** : La commande INSERT INTO est utilisée pour ajouter de nouvelles lignes dans une table.`INSERT INTO table_name (column1, column2) VALUES (value1, value2);`
Par exemple, pour insérer un nouvel enregistrement avec les valeurs John et Doe :`INSERT INTO table_name (first_name, last_name) VALUES ('John', 'Doe');`

## Mettre à jour des données

1. **UPDATE** : La commande UPDATE est utilisée pour modifier des données existantes dans une table.`UPDATE table_name SET column1 = value1 WHERE condition;`
Par exemple, pour mettre à jour le prénom d'un enregistrement spécifique :`UPDATE table_name SET first_name = 'Jane' WHERE last_name = 'Doe';`

## Supprimer des données

1. **DELETE** : La commande DELETE est utilisée pour supprimer des données d'une table.`DELETE FROM table_name WHERE condition;`

Par exemple, pour supprimer toutes les lignes où le prénom est John :DELETE FROM table_name WHERE first_name = 'John';

# Chapitre 18: Fonctions et opérateurs SQL

## Les fonctions d'agrégation

1. **COUNT** : Compter le nombre de lignes dans une table.

```
SELECT COUNT(*) FROM table_name;
```

2. **SUM** : Calculer la somme d'une colonne.

```
SELECT SUM(column_name) FROM table_name;
```

3. **AVG** : Calculer la moyenne d'une colonne.

```
SELECT AVG(column_name) FROM table_name;
```

4. **MAX** : Trouver la valeur maximale d'une colonne.

```
SELECT MAX(column_name) FROM table_name;
```

5. **MIN** : Trouver la valeur minimale d'une colonne.

```
SELECT MIN(column_name) FROM table_name;
```

**Les opérateurs SQL**

1. **Opérateurs de comparaison** : Utilisés pour comparer des valeurs.
   a. = : Égal à
   b. <> : Différent de
   c. > : Supérieur à
   d. < : Inférieur à
   e. >= : Supérieur ou égal à
   f. <= : Inférieur ou égal à
2. **Opérateurs logiques** : Utilisés pour combiner des conditions.
   a. AND : Les deux conditions doivent être vraies.
   b. OR : Au moins une des conditions doit être vraie.
   c. NOT : Inverse la condition.
3. **Opérateurs arithmétiques** : Utilisés pour effectuer des opérations mathématiques.

a. + : Addition
b. – : Soustraction
c. * : Multiplication
d. / : Division

## Chapitre 19: Joindre des tables

**Introduction aux jointures** Les jointures sont utilisées pour combiner des lignes de deux ou plusieurs tables en fonction d'une colonne commune entre elles. Elles permettent de récupérer des données connexes dispersées dans différentes tables.

**Types de jointures**

1. **INNER JOIN** : Retourne les lignes qui ont des valeurs correspondantes dans les deux tables.

```
SELECT columns FROM table1 INNER JOIN table2
ON table1.column = table2.column;
```

2. **LEFT JOIN** : Retourne toutes les lignes de la table de gauche, et les lignes correspondantes de la table de droite.

```
SELECT columns FROM table1 LEFT JOIN table2
ON table1.column = table2.column;
```

3. **RIGHT JOIN** : Retourne toutes les lignes de la table de droite, et les lignes correspondantes de la table de gauche.

```
SELECT columns FROM table1 RIGHT JOIN table2
ON table1.column = table2.column;
```

4. **FULL JOIN** : Retourne toutes les lignes quand il y a une correspondance dans l'une des tables.

```
SELECT columns FROM table1 FULL JOIN table2
ON table1.column = table2.column;
```

# Chapitre 20: Création et gestion des bases de données

## Créer une base de données

1. **CREATE DATABASE** : Crée une nouvelle base de données.CREATE DATABASE database_name;

## Créer des tables

1. **CREATE TABLE** : Crée une nouvelle table dans une base de données.CREATE TABLE
   table_name (
        column1 datatype,
        column2 datatype,
        ...
   );

## Modifier des tables

1. **ALTER TABLE** : Modifie une table existante (ajout de colonne, suppression de colonne,

```
etc.).ALTER TABLE table_name ADD
column_name datatype;
```

## Supprimer des tables et des bases de données

1. **DROP TABLE** : Supprime une table existante.

```
DROP TABLE table_name;
```

2. **DROP DATABASE** : Supprime une base de données existante.

```
DROP DATABASE database_name;
```

# Chapitre 21: Sécurité avancée pour les bases de données SQL

## Contrôle d'accès et permissions

1. **GRANT** : Accordez des permissions spécifiques aux utilisateurs.GRANT SELECT, INSERT ON database_name.table_name TO

```
'user_name'@'host';
```

2. **REVOKE** : Révoquez des permissions spécifiques des utilisateurs.REVOKE SELECT, INSERT ON database_name.table_name FROM 'user_name'@'host';

## Sécurité des données

1. **Cryptage des données** : Utilisez des fonctions SQL pour chiffrer les données sensibles.SELECT AES_ENCRYPT('data', 'key');

2. **Audit et journalisation** : Implémentez des mécanismes d'audit pour suivre les activités des utilisateurs et détecter les comportements suspects.

# Chapitre 22: Transactions et intégrité des données

## Transactions

1. **BEGIN, COMMIT, ROLLBACK** : Utilisez les transactions pour garantir que les opérations de la base de données soient exécutées de manière atomique.BEGIN;

```
UPDATE table_name SET column_name =
value WHERE condition;
COMMIT;
```

## Intégrité des données

1. **Contraintes** : Utilisez des contraintes pour
   garantir l'intégrité des données.
   a. **PRIMARY KEY** : Garantit que chaque
      ligne dans une table est unique.
   b. **FOREIGN KEY** : Maintient les relations
      entre les tables.
   c. **CHECK** : Imposant des conditions sur les
      données entrées.

# Chapitre 23: Optimisation des performances SQL

## Indexation

1. **Créer des index** : Utilisez des index pour accélérer les requêtes.`CREATE INDEX index_name ON table_name (column_name);`

## Analyse des requêtes

1. **EXPLAIN** : Analysez les requêtes SQL pour identifier les goulots d'étranglement.`EXPLAIN SELECT * FROM table_name WHERE condition;`

## Optimisation des requêtes

1. **Utilisation des vues** : Simplifiez les requêtes complexes en utilisant des vues.`CREATE VIEW view_name AS SELECT column_name FROM table_name WHERE condition;`

# Chapitre 24: Sauvegarde et restauration des bases de données SQL

## Sauvegarde des données

1. **mysqldump** : Utilisez des outils comme mysqldump pour sauvegarder votre base de données.mysqldump -u user_name -p database_name > backup_file.sql

## Restauration des données

1. **Importation de sauvegardes** : Restaurez une base de données à partir d'un fichier de sauvegarde.mysql -u user_name -p database_name < backup_file.sql

# Chapitre 25: Intégration de WordPress et SQL

## Connexion de WordPress à la base de données

1. **wp-config.php** : Configurez les informations de connexion à la base de données dans le fichier wp-config.php.define('DB_NAME', 'database_name');

```
define('DB_USER', 'user_name');
define('DB_PASSWORD', 'password');
define('DB_HOST', 'localhost');
```

**Interagir avec la base de données WordPress**

1. **wpdb** : Utilisez la classe wpdb pour exécuter des requêtes SQL dans WordPress.

```
global $wpdb;
$results = $wpdb->get_results("SELECT *
FROM {$wpdb->prefix}table_name WHERE
condition");
```

# Chapitre 26: Introduction aux modules de paiement

**Qu'est-ce qu'un module de paiement ?** Un module de paiement est une extension ou un service qui permet de traiter les paiements en ligne sur votre site web. Il prend en charge différentes méthodes de paiement, comme les cartes de crédit, PayPal, et les virements bancaires. Il est essentiel pour tout site de commerce en ligne, car il facilite les transactions et assure la sécurité des données des utilisateurs.

**Pourquoi utiliser un module de paiement ?**
L'utilisation d'un module de paiement offre plusieurs
avantages :

1. **Sécurité** : Les modules de paiement sont conçus
   pour sécuriser les transactions et protéger les
   informations des utilisateurs.
2. **Commodité** : Ils facilitent le processus de
   paiement pour les clients, améliorant ainsi
   l'expérience utilisateur.
3. **Gestion simplifiée** : Ils permettent de suivre et
   de gérer les paiements directement depuis
   votre tableau de bord WordPress.

## Chapitre 27: Les modules de paiement populaires

### WooCommerce Payments

1. **Introduction** : WooCommerce Payments est
   l'extension officielle de WooCommerce pour
   accepter les paiements sur votre site.
2. **Installation** : Installez et activez WooCommerce
   Payments depuis **Extensions > Ajouter**.
3. **Configuration** : Suivez l'assistant de
   configuration pour connecter votre compte
   bancaire et configurer les options de paiement.

4.  **Fonctionnalités** : WooCommerce Payments prend en charge les cartes de crédit, Apple Pay, et plus encore.

## PayPal

1.  **Introduction** : PayPal est l'un des services de paiement en ligne les plus populaires et largement acceptés.
2.  **Installation** : Installez et activez WooCommerce PayPal Checkout depuis **Extensions > Ajouter**.
3.  **Configuration** : Connectez votre compte PayPal et configurez les options de paiement.
4.  **Fonctionnalités** : Acceptation des paiements PayPal, PayPal Credit, et cartes de crédit.

## Stripe

1.  **Introduction** : Stripe est une plateforme de paiement en ligne réputée pour sa flexibilité et ses puissantes fonctionnalités.
2.  **Installation** : Installez et activez WooCommerce Stripe Payment Gateway depuis **Extensions > Ajouter**.
3.  **Configuration** : Connectez votre compte Stripe et configurez les options de paiement.
4.  **Fonctionnalités** : Acceptation des cartes de crédit, Apple Pay, Google Pay, et plus encore.

# Chapitre 28: Configuration des modules de paiement

## Configurer WooCommerce Payments

1. **Installation** : Accédez à **Extensions > Ajouter** et recherchez WooCommerce Payments. Installez et activez l'extension.
2. **Connexion** : Suivez les instructions pour connecter votre compte bancaire à WooCommerce Payments.
3. **Paramètres** : Configurez les devises, les options de paiement acceptées, et les paramètres de transaction. Assurez-vous que toutes les options de sécurité sont activées pour protéger les données des utilisateurs.

## Configurer PayPal

1. **Installation** : Accédez à **Extensions > Ajouter** et recherchez WooCommerce PayPal Checkout. Installez et activez l'extension.
2. **Connexion** : Connectez votre compte PayPal à l'extension en suivant les étapes de l'assistant de configuration.
3. **Paramètres** : Configurez les options de paiement, les devises, et les paramètres de transaction. PayPal propose également des

options avancées pour la gestion des paiements et des remboursements.

### Configurer Stripe

1. **Installation** : Accédez à **Extensions > Ajouter** et recherchez WooCommerce Stripe Payment Gateway. Installez et activez l'extension.
2. **Connexion** : Connectez votre compte Stripe à l'extension en suivant les instructions fournies.
3. **Paramètres** : Configurez les options de paiement, les devises, et les paramètres de transaction. Stripe offre une grande flexibilité et de nombreuses options pour personnaliser l'expérience de paiement.

# Chapitre 29: Gestion des paiements et des remboursements

### Suivi des paiements

1. **Tableau de bord WooCommerce** : Consultez les paiements reçus, les commandes en attente, et les transactions récentes depuis le tableau de bord WooCommerce.
2. **Rapports** : Utilisez les rapports de WooCommerce pour analyser les ventes, les revenus, et les performances de votre boutique

en ligne. Les rapports détaillés peuvent vous aider à identifier les tendances et à prendre des décisions éclairées.

## Gestion des remboursements

1. **Demandes de remboursement** : Gérez les demandes de remboursement directement depuis le tableau de bord WooCommerce. Assurez-vous de répondre rapidement aux demandes des clients pour maintenir leur satisfaction.
2. **Processus de remboursement** : Effectuez des remboursements via les modules de paiement configurés (WooCommerce Payments, PayPal, Stripe, etc.). Suivez les étapes spécifiques à chaque module pour assurer un traitement correct.
3. **Politique de remboursement** : Établissez une politique de remboursement claire et communiquez-la à vos clients. Une politique transparente aide à éviter les malentendus et à établir une relation de confiance avec vos clients.

# Chapitre 30: Sécurité des paiements en ligne

## Mesures de sécurité

1. **SSL/TLS** : Assurez-vous que votre site utilise un certificat SSL/TLS pour chiffrer les données de paiement. Cela garantit que les informations sensibles, comme les numéros de carte de crédit, sont transmises de manière sécurisée.

2. **PCI DSS** : Conformez-vous aux normes de sécurité PCI DSS pour protéger les informations de carte de crédit. Les normes PCI DSS (Payment Card Industry Data Security Standard) sont des exigences de sécurité pour les entreprises qui traitent des paiements par carte.

3. **Sécuriser les informations** : Utilisez des outils et des extensions pour surveiller et sécuriser les transactions. Par exemple, des extensions comme Wordfence ou Sucuri peuvent ajouter une couche de protection supplémentaire à votre site.

## Extensions de sécurité

1. **Wordfence** : Utilisez Wordfence pour ajouter une couche de sécurité supplémentaire à votre site. Cette extension offre des fonctionnalités telles que des pare-feu, des scans de sécurité, et des alertes en temps réel.
2. **Sucuri** : Utilisez Sucuri pour surveiller et protéger votre site contre les menaces de sécurité. Sucuri offre une gamme complète de services de sécurité, y compris la protection contre les logiciels malveillants, les attaques DDoS, et les violations de sécurité.